BENDICIENDO A JERUSALÉN TODO EL AÑO

Petra van der Zande

BENDICIENDO A JERUSALÉN TODO EL AÑO
Original: Blessing Jerusalem all Year Round
Traducido por: Erika L. Parada Trujillo de Suárez

Copyright © 2014 Petra van der Zande, Jerusalem, Israel.

ISBN 978 965 7542 19 4

Las citas bíblicas han sido tomadas de:
- **Dios Habla Hoy (DHH)**. *Dios habla hoy* ®, © Sociedades Bíblicas Unidas, 1966, 1970, 1979, 1983, 1996.
- **Reina-Valera 1960 (RVR1960)**. Copyright © 1960 by American Bible Society
- **Nueva Versión Internacional (NVI)** La Santa Biblia, Nueva Versión Internacional® NVI® Copyright © 1999 by Biblica, Inc.® Used by permission. All rights reserved worldwide.
- **Reina Valera Contemporánea (RVC)** Copyright © 2009, 2011 by Sociedades Bíblicas Unidas
- **Traducción en lenguaje actual (TLA)** Copyright © 2000 by United Bible Societies

Fotografías: Davka Corp 1998 & Petra van der Zande

Tags: Israel; intercesión, Fiestas Judías, Jerusalén, Estudio Bíblico, bendiciendo, prosperidad, amando a Jerusalén.

Publicado por Tsur Tsina Publications
Website: Essence of Rock

Impreso a través de Lulu.com and
Printiv, Jerusalén

Embajada Cristiana Internacional en Jerusalén

Email: info@icej-bolivia.com
Website: http://int.icej.org

SPANISH

INTRODUCCIÓN

En 1996, una amiga holandés visitó Calcutta, India, para interceder por el país. Tres semanas después, cuando ya era el tiempo que se marchase, ella pensó en los cristianos con quienes había trabajado. Ellos tenían que quedarse y continuar con el trabajo en aquella gran ciudad. Muchos no eran muy positivos respecto a esto. Palabras negativas no mejoraban la realidad y nuestra amiga creía que algo positivo debería hacerse. ¿No sería increíble si, en lugar de maldecir esta ciudad comenzáramos a proclamar palabras de vida, palabras extraídas de la misma Palabra de Dios, sobre esta ciudad ?

Este fue el inicio del 'Calendario de Bendiciones para la Ciudad', una bendición para cada día del año. En los años siguientes, este Calendario de Bendición fue utilizado para grandes ciudades en general y, cada vez que nuestra amiga visita una ciudad grande, ella deja una copia de este calendario único.

Cuando nuestra amiga visitó Jerusalén en el 2010, también recibimos una copia del «Calendario de Bendiciones para la Ciudad». La idea de publicar un libro con bendiciones para Jerusalén fue una respuesta a sus oraciones.

Primero fue publicado en holandés, luego traducido al inglés, alemán, portugués y ahora al español. Este « calendario único » es una herramienta práctica para bendecir la Ciudad del Gran Rey: Jerusalén.

Bendeciré a los que te bendigan,
Y al que te maldiga, maldeciré.
Génesis 12:3

¿Cómo funciona este Calendario?

Cada **primer** día del mes oramos por la Paz de Jerusalén. El **segundo** día bendecimos a los cristianos e iglesias de la ciudad. El **décimo** día del mes oramos por la Paz y Prosperidad de Jerusalén. El **onceavo** día, colocamos a los líderes y gobernantes delante del Trono de Dios. El **doceavo** día oramos por las viudas, huérfanos y extranjeros que viven en la ciudad. El **treintavo** y **treintavo primer** día de cada mes es siempre lo mismo: Bendecimos la ciudad cuyo Dios es el Señor y esperamos por el tiempo cuando Jerusalén reciba su nuevo nombre, el cual significa: Ciudad de Oro.

Muchos de los días mencionados anteriormente utilizan los mismos versículos bíblicos. Enero inicia con versículos tomados del libro de Génesis y Diciembre concluye con el libro de Apocalipsis.

El "Calendario de Bendiciones" original solo daba referencias bíblicas. Este libro contiene versículos escritos tomados de diferentes versiones de la Biblia, pero es siempre bueno tener su Biblia a mano y leer los versículos en su contexto. Muchas veces, otra versión de la Biblia nos da un mejor entendimiento acerca de la bendición que se está proclamando sobre la Ciudad del Gran Rey.

Jehová te bendiga desde Sión, y veas el bien de Jerusalén todos los días de tu vida;
Salmos 128:5

*Pedid por la paz de Jerusalén;
sean prosperados los que te aman.
Haya paz dentro de tus muros, y prosperidad
en tus palacios. Haya paz dentro de tus
muros, y prosperidad en tus palacios. Por
amor de mis hermanos y mis compañeros
diré ahora: Haya paz en ti.
Por amor a la casa de Jehová nuestro Dios,
procuraré tu bien.
Salmos 122:6-9*

JERUSALÉN Y LAS FIESTAS DEL SEÑOR

En Levíticos 23:1-44 leemos cómo el Señor ordenó diferentes Fiestas para Su Pueblo. En tiempos bíblicos, el Año Nuevo Judío (*Rosh Hashanah*) comenzaba con la conmemoración del Éxodo de Egipto: Siglos más tarde, *Rosh Hashanah* fue celebrado cerca del mes de Septiembre.

Los Judíos Religiosos siguen el Calendario Judío, el cual es basado en el Calendario Lunar; mientras que el mundo occidental utiliza el Calendario Gregoriano. Esta es la razón por la cual el inicio de las festividades judías es diferente cada año. En Israel, un nuevo día empieza al atardecer, cuando tres estrellas pueden ser vistas en los cielos.

En términos generales, podemos decir que *Pesach* (Pascua) usualmente cae en Abril; *Shavuot* (Fiesta de las Semanas, Pentecostés) usualmente es en Mayo; y que Septiembre/Octubre es el mes donde se celebra *Rosh Hashanah, Yom Kippur* (Día de la Expiación) y *Sukkot* (Fiesta de los Tabernáculos).

Pesach, Shavuot y Sukkot son las llamadas Fiestas de la Peregrinación. Tres veces al año, todos los varones judíos tenían que presentarse delante de Dios en Sión para celebrar la "Fiesta del Señor".

Purim (de 'pur' que significa mucho) no es una "Fiesta del Señor" pero es celebrada con mucha alegría normalmente en Marzo. Los Rollos del libro de Ester son leídos en las sinagogas.

Días Conmemorativos son de muchísima importancia para el Pueblo Judío. En *Yom haShoah* ellos conmemoran a los seis millones de judíos que fueron asesinados por los Nazis durante la Segunda Guerra Mundial. *Yom haZikaron* es el día donde se recuerda a los soldados que dieron sus vidas luchando por Israel en muchas guerras y también se recuerda a las víctimas del terrorismo. Estos Días Conmemorativos son usualmente en Mayo.

Jerusalén fue y siempre será el lugar central para el Pueblo Judío que se encuentra disperso en el mundo entero para celebrar sus Días Festivos y Fiestas.

En este Calendario, el mes en que una Fiesta Judía es celebrada, encontrará información adicional.

Por la bendición de los rectos la ciudad es engrandecida; mas por la boca de los impíos es trastornada.
Proverbios 11:11

ENERO

Bendito sea Jehová desde Sión, que mora en Jerusalén. Aleluya.
Salmos 135:21

ENERO

1. ORAD POR LA PAZ DE JERUSALÉN.
Orad por la paz de Jerusalén: Sean Prosperados los que te aman. Salmos 122:6 (LBLA)

2. SEÑOR, DERRAMA TU ESPÍRITU SOBRE LOS CREYENTES.
No les ocultaré más mi rostro, porque habré derramado mi Espíritu sobre la casa de Israel —declara el Señor Dios. Ezequiel 39:29 (LBLA)

3. Sea Jerusalén una ciudad de luz.
Entonces dijo Dios: Sea la luz. Y hubo luz. Génesis 1:3 (LBLA)

4. Que el Señor te dé el rocío del cielo y la riqueza de la tierra.
Dios te dé, pues, del rocío del cielo, y de la grosura de la tierra, y abundancia de grano y de mosto. Génesis 27:28 (LBLA)

5. Que el Señor sea tu fortaleza y canción.
Mi fortaleza y mi canción es el Señor. Éxodo 15:2 (LBLA)

6. Que el Señor se convierta en tu salvación.
Y Él ha sido para mí salvación; éste es mi Dios, y le glorificaré, el Dios de mi padre, y le ensalzaré. Éxodo 15:2 (LBLA)

7. Dios será un enemigo para tus enemigos.
Pero si en verdad obedeces su voz y haces todo lo que yo digo, entonces seré enemigo de tus enemigos y adversario de tus adversarios. Éxodo 23:22 (LBLA)

8. Jerusalén, Dios te conoce por nombre y has hallado gracia delante de él.
Y Moisés dijo al Señor: Mira, tú me dices: "Haz subir a este pueblo"; pero tú no me has declarado a quién enviarás conmigo. Además has dicho: "Te he conocido por tu nombre, y también has hallado gracia ante mis ojos." Éxodo 33:12 (LBLA)

9. La presencia de Dios irá contigo y te dará descanso.
Y Él respondió: Mi presencia irá *contigo*, y yo te daré descanso. Éxodo 33:14

10. BUSCAD LA PAZ Y LA PROSPERIDAD DE JERUSALÉN.
"Y buscad el bienestar de la ciudad adonde os he desterrado, y rogad al SEÑOR por ella; porque en su bienestar tendréis bienestar.
Jeremías 29:7 (LBLA)

11. QUE TUS GOBERNANTES NO SE ENSEÑOREEN DE TI Y MAS BIEN TENGAN TEMOR DE DIOS.
"No te enseñorearás de él con severidad, más bien, teme a tu Dios.
Levítico 25:43 (LBLA)

12. Dios puede romper las varas de tu yugo.
"Yo soy el SEÑOR vuestro Dios, que os saqué de la tierra de Egipto para que no fuerais esclavos de ellos; rompí las varas de vuestro yugo...
Levítico 26:13 (LBLA)

13. Dios puede hacerte caminar con la frente en alto.
"Yo soy el SEÑOR vuestro Dios, que os saqué de la tierra de Egipto para que no fuerais esclavos de ellos;... y os hice andar erguidos.
Levítico 26:13 (LBLA)

14. El brazo del Señor no es corto.
Y el SEÑOR dijo a Moisés: ¿Está limitado el poder[a] del SEÑOR? Ahora verás si mi palabra se te cumple o no. Números 11:23 (LBLA)

15. ¡Dios te bendiga, oh Jerusalén!
El SEÑOR te bendiga y te guarde; Números 6:24 (LBLA)

16. ¡El Señor quiere mostrarte su misericordia, oh Jerusalén!
El SEÑOR haga resplandecer su rostro sobre ti, y tenga de ti misericordia;
Números 6:25 (LBLA)

17. ¡El Señor quiere darte paz, oh Jerusalén!
El SEÑOR alce sobre ti su rostro, y te dé paz. Números 6:26 (LBLA)

¡Voz de tus atalayas! alzarán la voz, juntamente darán voces de júbilo; porque ojo a ojo verán cuando Jehová vuelva a traer a Sión.
Isaías 52:8

18. Que el Señor sea tu alabanza.
Él es *el objeto de* tu alabanza y Él es tu Dios, que ha hecho por ti estas cosas grandes y portentosas que tus ojos han visto.
Deuteronomio 10:21 (LBLA)

19. Que el Señor te de la victoria sobre tus enemigos
Porque el SEÑOR vuestro Dios es el que va con vosotros, para pelear por vosotros contra vuestros enemigos, para salvaros."
Deuteronomio 20:4 (LBLA)

20. QUE LOS JUSTOS PROSPEREN PARA QUE JERUSALÉN SE REGOCIJE.
Con el bien de los justos, se regocija la ciudad, y cuando perecen los impíos, hay gritos de alegría. Proverbios 11:10 (LBLA)

21. ORAD POR LA CAUSA DE LOS HUÉRFANOS Y DE LAS VIUDAS Y DE LOS EXTRANJEROS.
Él hace justicia al huérfano y a la viuda, y muestra su amor al extranjero dándole pan y vestido. Deuteronomio 10:18 (LBLA)

22. Que el Señor sea tu vida.
Amando al SEÑOR tu Dios, escuchando su voz y allegándote a Él; porque eso es tu vida y la largura de tus días, para que habites en la tierra que el SEÑOR juró dar a tus padres Abraham, Isaac y Jacob.
Deuteronomio 30:20 (LBLA)

23. ¡el Señor no te dejará, oh Jerusalén!
Sed firmes y valientes, no temáis ni os aterroricéis ante ellos, porque el SEÑOR tu Dios es el que va contigo; no te dejará ni te desamparará.
Deuteronomio 31:6 (LBLA)

24. Que el Señor te rodee y cuide de ti.
Lo encontró en tierra desierta, en la horrenda soledad de un desierto; lo rodeó, cuidó de él. Deuteronomio 32:10 (LBLA)

25. Que el Señor te guarde como a la niña de sus ojos.
Lo guardó como a la niña de sus ojos. Deuteronomio 32:10 (LBLA)

26. Que Jerusalén viva y no muera.
Viva Rubén, y no muera, y no sean pocos sus hombres.
Deuteronomio 33:6 (LBLA)

27. ¡Oh Señor, se tú la ayuda de la ciudad contra sus enemigos!
En cuanto a Judá, esto dijo: Escucha, oh Señor, la voz de Judá, y tráelo a su pueblo. Con sus manos luchó por ellos; sé tú su ayuda contra sus adversarios. Deuteronomio 33:7 (LBLA)

28. Bendita sea la obra de sus manos.
Bendice, oh SEÑOR, sus esfuerzos, y acepta la obra de sus manos; quebranta los lomos de los que se levantan contra él y de los que lo odian, para que no se levanten *más*. Deuteronomio 33:11 (LBLA)

29. Que Jerusalén sea segura.
De Benjamín, dijo: Habite el amado del Señor en seguridad junto a aquel que le protege todo el día, y entre cuyos hombros mora.
Deuteronomio 33:12 (LBLA)

30. BENDITA ES LA CIUDAD CUYO DIOS ES EL SEÑOR.
Bienaventurada la nación cuyo Dios es el SEÑOR, el pueblo que Él ha escogido como herencia para sí. Salmos 33:12 (LBLA)

31. Que el nombre de la ciudad sea: EL SEÑOR ESTÁ AHÍ.
La ciudad tendrá dieciocho mil *codos* en derredor; y el nombre de la ciudad desde *ese* día *será*: "el SEÑOR está allí." Ezequiel 48:35 (LBLA)

FEBRERO

Canta y alégrate, hija de Sión: porque he aquí vengo, y moraré en medio de ti, dice Jehová.
Zacarías 2:10

FEBRERO

1. ORAD POR LA PAZ DE JERUSALÉN.
Orad por la paz de Jerusalén: Sean Prosperados los que te aman.
Salmos 122:6 (LBLA)

2. QUE DIOS FORTALEZCA A LOS CREYENTES.
Fortaleceré la casa de Judá y la casa de José salvaré, y los haré volver porque me he compadecido de ellos; y serán como si no los hubiera rechazado, porque yo soy el SEÑOR su Dios, y les responderé. Zacarías 10:6 (LBLA)

3. Que Dios bendiga la ciudad.
Con lo mejor de los frutos del sol y con los mejores productos de los meses; Deuteronomio 33:14 (LBLA)

4. Que te sean entregados los mejores regalos de la tierra.
Con lo mejor de la tierra y cuanto contiene y el favor del que habitaba en la zarza. Descienda *la bendición* sobre la cabeza de José, y sobre la coronilla del consagrado entre sus hermanos. Deuteronomio 33:16 (LBLA)

5. Que el Señor favorezca a Jerusalén.
Y de Neftalí, dijo: Neftalí, colmado de favores, y lleno de la bendición del Señor, toma posesión del mar y del sur. Deuteronomio 33:23 (LBLA)

6. Que el Señor sea tu eterno refugio.
El eterno Dios es *tu* refugio, y debajo están los brazos eternos. El echó al enemigo delante de ti, y dijo: "¡Destruye!"' Deuteronomio 33:27 (LBLA)

7. ¡Seas bendecida, oh Jerusalén!
Dichoso tú, Israel. ¿Quién como tú, pueblo salvado por el Señor? Él es escudo de tu ayuda, y espada de tu gloria. Tus enemigos simularán someterse ante ti, y tú hollarás sus lugares altos. Deuteronomio 33:29

8. Que el Señor pelee por ti.
Un solo hombre de vosotros hace huir a mil, porque el Señor vuestro Dios es quien pelea por vosotros, tal como Él os ha prometido.
Josué 23:10 (LBLA)

9. ¡Canta alabanzas al Señor!
¡Oíd, reyes; prestad oído, príncipes! Yo al Señor, yo cantaré, cantaré alabanzas al Señor, Dios de Israel. Jueces 5:3 (LBLA)

10. BUSCAD LA PAZ Y LA PROSPERIDAD DE JERUSALÉN.
"Y buscad el bienestar de la ciudad adonde os he desterrado, y rogad al Señor por ella; porque en su bienestar tendréis bienestar."
Jeremías 29:7 (LBLA)

11. QUE TUS GOBERNANTES NO SE ENSEÑOREEN DE TI, MÁS BIEN TENGAN TEMOR DE DIOS.
Dijo el Dios de Israel, me habló la Roca de Israel: "El que con justicia gobierna sobre los hombres, que en el temor de Dios gobierna,"
2 Samuel 23:3 (LBLA)

12. Enumera los actos de justicia de Dios.
Al sonido de los que dividen las *manadas* entre los abrevaderos, allí repetirán los actos de justicia del Señor, los actos de justicia para con sus campesinos en Israel. Entonces el pueblo del Señor descendió a las puertas.
Jueces 5:11 (LBLA)

13. ¡Que todos tus enemigos perezcan, oh Jerusalén!
Así perezcan todos tus enemigos, oh Señor; Jueces 5:31 (LBLA)

14. Benditos aquellos que aman al Señor.
Sean los que te aman como la salida del sol en su fuerza. Jueces 5:31 (LBLA)

15. El Señor sea contigo y te bendiga.
Y he aquí que vino Booz de Belén, y dijo a los segadores: El Señor sea con vosotros. Y ellos le respondieron: Que el Señor te bendiga. Rut 2:4 (LBLA)

Oración por la población Árabe en Jerusalén.

16. Que el Señor renueve tu vida y te sostenga.
Sea él también para ti restaurador de *tu* vida y sustentador de tu vejez; porque tu nuera, que te ama y es de más valor para ti que siete hijos, le ha dado a luz. Rut 4:15 (LBLA)

17. Él guardará los pies de sus santos.
El guarda los pies de sus santos, mas los malvados son acallados en tinieblas, pues no por la fuerza ha de prevalecer el hombre. 1 Samuel 2:9 (LBLA)

18. Que el Señor sea tu roca, baluarte y libertador.
El SEÑOR es mi roca, mi baluarte y mi libertador; 2 Samuel 22:2 (LBLA)

19. Que el Señor sea tu salvador.
Mi Dios, mi roca en quien me refugio; mi escudo y el cuerno de mi salvación, mi altura inexpugnable y mi refugio; salvador mío, tú me salvas de la violencia. 2 Samuel 22:3 (LBLA)

20. QUE LOS JUSTOS PROSPEREN PARA QUE JERUSALÉN SE REGOCIJE.
Con el bien de los justos, se regocija la ciudad, y cuando perecen los impíos, hay gritos de alegría. Proverbios 11:10 (LBLA)

21. QUE EL SEÑOR LEVANTE AL POBRE Y AL NECESITADO.
Levanta del polvo al pobre, del muladar levanta al necesitado para hacer*los* sentar con los príncipes, y heredar un sitio de honor; pues las columnas de la tierra son del SEÑOR, y sobre ellas ha colocado el mundo.
1 Samuel 2:8 (LBLA)

22. Muéstrate, oh Señor, misericordioso para con Jerusalén.
Con el benigno te muestras benigno, con el hombre íntegro te muestras íntegro; 2 Samuel 22:26 (LBLA)

23. Que el Señor transforme tu oscuridad en luz.
Porque tú eres mi lámpara, oh SEÑOR; el SEÑOR alumbra mis tinieblas.
2 Samuel 22:29 (LBLA)

24. Que el Señor te revista con su fortaleza.
Dios es mi fortaleza poderosa, y *el que* pone al íntegro en su camino.
2 Samuel 22:33 (LBLA)

25. Que el Señor capacite tus manos para la batalla.
El adiestra mis manos para la batalla, y mis brazos para tensar el arco de bronce. 2 Samuel 22:35 (LBLA)

26. Que el Señor te rescate.
Me libró de mi poderoso enemigo, de los que me aborrecían, pues eran más fuertes que yo. 2 Samuel 22:18 (LBLA)

27. Que Jerusalén sea un lugar seguro para vivir.
Y Judá e Israel vivieron seguros, cada uno bajo su parra y bajo su higuera, desde Dan hasta Beerseba, todos los días de Salomón. 1 Reyes 4:25 (LBLA)

28. Que los ojos del Señor siempre estén sobre ti.
Y el Señor le dijo: He oído tu oración y tu súplica que has hecho delante de mí; he consagrado esta casa que has edificado, poniendo allí mi nombre para siempre; en ella estarán mis ojos y mi corazón perpetuamente.
1 Reyes 9:3 (LBLA)

29. BENDITA ES LA CIUDAD CUYO DIOS ES EL SEÑOR.
Bienaventurada la nación cuyo Dios es el Señor, el pueblo que Él ha escogido como herencia para sí. Salmos 33:12 (LBLA)

 NOTAS

MARZO

Portón de Oro con tumbas musulmanas

La luna se avergonzará, y el sol se confundirá, cuando Jehová de los ejércitos reine gloriosamente en el monte de Sión, y en Jerusalén, y delante de sus ancianos.
Isaías 24:23

Festividades Judías en Marzo

Purim - Ester 9:22-24. "Porque en esos días los judíos se libraron de sus enemigos, y fue para ellos un mes que se convirtió de tristeza en alegría y de duelo en día festivo. Los harían días de banquete y de regocijo… "

MARZO

1. ORAD POR LA PAZ DE JERUSALÉN.
Orad por la paz de Jerusalén: Sean Prosperados los que te aman.
Salmos 122:6 (LBLA)

2. QUE DIOS DERRAME SU ESPÍRITU DE GRACIA Y SÚPLICA EN LOS CREYENTES.
Y derramaré sobre la casa de David y sobre los habitantes de Jerusalén, el Espíritu de gracia y de súplica, y me mirarán a mí, a quien han traspasado. Y se lamentarán por Él, como quien se lamenta por un hijo único, y llorarán por Él, como se llora por un primogénito. Zacarías 12:10 (LBLA)

3. ¡Libera a Jerusalén de sus enemigos, oh Señor!
Y ahora, oh Señor, Dios nuestro, líbranos, te ruego, de su mano para que todos los reinos de la tierra sepan que sólo tú, oh Señor, eres Dios.
2 Reyes 19:19 (LBLA)

4. Que Dios defienda la ciudad.
Porque defenderé esta ciudad para salvarla por amor a mí mismo y por amor a mi siervo David. 2 Reyes 19:34 (LBLA)

5. Que el pueblo sea bendecido en el nombre del Señor.
Cuando David terminó de ofrecer el holocausto y las ofrendas de paz, bendijo al pueblo en el nombre del Señor. 1 Crónicas 16:2 (LBLA)

6. Que todos los que te busquen se alegren.
Gloriaos en su santo nombre; alégrese el corazón de los que buscan al Señor. Crónicas 16:10 (LBLA)

7. Que Jerusalén mire a Dios.
Buscad al Señor y su Fortaleza; buscad su rostro continuamente.
1 Crónicas 16:11 (LBLA)

8. Seas tú, oh Señor, alabado y temido.
Porque grande es el Señor, y muy digno de ser alabado; temible es Él también sobre todos los dioses. 1 Crónicas 16:25 (LBLA)

9. Que Dios sea tu padre.
Yo seré padre para él y él seré hijo para mí; y no quitaré de él mi misericordia, como la quité de aquel que estaba antes de ti. 1 Crónicas 17:13 (LBLA)

10. BUSCAD LA PAZ Y LA PROSPERIDAD DE JERUSALÉN.
"Y buscad el bienestar de la ciudad adonde os he desterrado, y rogad al Señor por ella; porque en su bienestar tendréis bienestar."
Jeremías 29:7 (LBLA)

11. QUE MUCHOS BUSQUEN EL BIEN DE JERUSALÉN Y PROCUREN EL BIENESTAR DE TODA SU GENTE.
Porque el judío Mardoqueo era el Segundo después del rey Asuero, grande entre los Judíos y estimado por la multitud de sus hermanos, el cual buscó el bien de su pueblo y procuró el bienestar de toda su gente. Ester 10:3 (LBLA)

12. Que Dios nunca aparte su amor de ti.
Yo seré padre para él y él seré hijo para mí; y no quitaré de él mi misericordia, como la quité de aquel que estaba antes de ti. 1 Crónicas 17:13(LBLA)

13. Que todos los que te busquen te encuentren.
En cuanto a ti, Salomón, hijo mío, reconoce al Dios de tu padre, y sírvele de todo corazón y con ánimo dispuesto; porque el SEÑOR escudriña todos los corazones, y entiende todo intento de los pensamientos. Si le buscas, Él te dejará encontrarle; pero si le abandonas, Él te rechazará para siempre.
1 Crónicas 28:9 (LBLA)

14. Bendice a los sacerdotes (cohanim) y a los creyentes de Jerusalén.
Ahora pues, levántate, oh SEÑOR Dios, hacia tu reposo, tú y el arca de tu poder; que tus sacerdotes, oh SEÑOR Dios, se revistan de salvación y tus santos se regocijen en lo que es bueno. 2 Crónicas 6:41 (LBLA)

15. Bendice a aquellos que son comprometidos contigo.
Porque los ojos del SEÑOR recorren toda la tierra para fortalecer a aquellos cuyo corazón es completamente suyo. Tú has obrado neciamente en esto. Ciertamente, desde ahora habrá guerras contra ti.
2 Crónicas 16:9 (LBLA)

16. Que Jerusalén te busque, oh Señor.
Y se reunió Judá para buscar *ayuda* del SEÑOR; aun de todas las ciudades de Judá vinieron para buscar al SEÑOR. 2 Crónicas 20:4 (LBLA)

17. Que el Señor vaya delante de ti.
Y que me ha extendido misericordia delante del rey y de sus consejeros y delante de todos los príncipes poderosos del rey. Así fui fortalecido según *estaba* la mano del SEÑOR mi Dios sobre mí, y reuní a los jefes de Israel para que subieran conmigo. Esdras 7:28 (LBLA)

18. Que el Señor te de luz y alivio.
Ahora el Señor nuestro Dios ha tenido misericordia de nosotros, aunque sea por un poco de tiempo, y nos ha dejado a salvo un remanente; nos ha dado un lugar seguro en su santuario, para que veamos las cosas con claridad y podamos vivir un poco más, aunque sea en nuestra condición de esclavos. Esdras 9:8

19. Que Dios sea misericordioso.
Y ordené a los levitas que se purificaran y que vinieran a guardar las puertas para santificar el día de reposo. *Por* esto también acuérdate de mí, Dios mío, y ten piedad de mí conforme a la grandeza de tu misericordia.
Nehemías 13:22 (LBLA)

20. QUE LOS JUSTOS PROSPEREN PARA QUE JERUSALÉN SE REGOCIJE.
Con el bien de los justos, se regocija la ciudad, y cuando perecen los impíos, hay gritos de alegría. Proverbios 11:10 (LBLA)

21. QUE LOS JUSTOS SE OCUPEN DE LA JUSTICIA PARA LOS POBRES
El justo se preocupa por la causa de los pobres, pero el impío no entiende *tal* preocupación. Proverbios 29:7 (LBLA)

22. Que seas encontrado puro y recto.
Si fueras puro y recto, ciertamente Él se despertaría ahora en tu favor y restauraría tu justa condición. Job 8:6 (LBLA)

23. Que tu futuro sea prosperado.
Aunque tu principio haya sido insignificante, con todo, tu final aumentará sobremanera. Job 8:7 (LBLA)

24. Que tu boca sea llena de risa.
Aún ha de llenar de risa tu boca, y tus labios de gritos de júbilo. Job 8:21 (LBLA)

25. Que tengas muchos intercesores como amigos.
Mis amigos son mis escarnecedores; mis ojos lloran a Dios. Job 16:20 (LBLA)

26. Que el aliento del Todopoderoso te de vida.
El Espíritu de Dios me ha hecho, y el aliento del Todopoderoso me da vida. Job 33:4 (LBLA)

27. Que tu deleite sea en la ley del Señor.
Sino que en la ley del SEÑOR está su deleite, y en su ley medita de día y de noche. Salmos 1:2 (LBLA)

28. Que el Dios altísimo sea tu defensa.
Mi escudo está en Dios, que salva a los rectos de corazón. Salmos 7:10 (LBLA)

29. Que el Señor te salve y te defienda.
Para el director del coro. Salmo de David. Que el SEÑOR te responda en el día de la angustia. Que el nombre del Dios de Jacob te ponga en alto. Salmos 20:1 (LBLA)

30. BENDITA ES LA CIUDAD CUYO DIOS ES EL SEÑOR.
Bienaventurada la nación cuyo Dios es el SEÑOR, el pueblo que Él ha escogido como herencia para sí. Salmos 33:12 (LBLA)

31. Que el nombre de la ciudad sea: EL SEÑOR ESTÁ AHÍ.
La ciudad tendrá dieciocho mil *codos* en derredor; y el nombre de la ciudad desde *ese* día *será*: "el SEÑOR está allí." Ezequiel 48:35 (LBLA)

••

NOTAS

ABRIL

Parque arqueológico y el Monte de los Olivos con tumbas judías.

Ciertamente el pueblo morará en Sión, en Jerusalén; nunca más llorarás; el que tiene misericordia se apiadará de ti; al oír la voz de tu clamor te responderá.
Isaías 30:19

Festividades Judías en Abril

Levítico 23:4-6. "Estas son las fiestas señaladas por el SEÑOR, santas convocaciones que vosotros proclamaréis en las fechas señaladas para ellas: En el mes primero, el *día* catorce del mes, al anochecer, es la Pascua del SEÑOR. El día quince del mismo mes es la fiesta de los panes sin levadura para el SEÑOR; por siete días comeréis pan sin levadura."

ABRIL

1. ORAD POR LA PAZ DE JERUSALÉN.
Orad por la paz de Jerusalén: Sean Prosperados los que te aman.
Salmos 122:6 (LBLA)

2. QUE LOS CREYENTES SEAN UNO.
Yo en ellos y tú en mí, para que lleguen a ser perfectamente uno, y que así el mundo pueda darse cuenta de que tú me enviaste, y que los amas como me amas a mí. Juan 17:23 (DHH)

3. Que el Señor cumpla los deseos de tu corazón.
Que cumpla todos tus deseos y lleve a cabo todos tus planes.
Salmos 20:4 (DHH)

4. Que el Señor sea tu pastor.
El Señor es mi pastor; nada me falta; me da nuevas fuerzas y me lleva por caminos rectos, haciendo honor a su nombre. Salmos 23:1,3 (DHH)

5. Que tengas manos limpias y un corazón puro.
El que tiene las manos y la mente limpias de todo pecado; el que no adora ídolos ni hace juramentos falsos. El Señor, su Dios y Salvador, lo bendecirá y le hará justicia. Salmos 24:4,5 (DHH)

6. Oh Señor, tu gracia sea sobre la ciudad.
Mírame, Señor, y ten compasión de mí, porque estoy solo y afligido.
Salmos 25:16 (DHH)

7. ¡No temas, oh Jerusalén!
El Señor es mi luz y mi salvación, ¿de quién podré tener miedo? El Señor defiende mi vida, ¿a quién habré de temer? Salmos 27:1 (DHH)

8. Que el Señor te guíe por caminos rectos
Señor, muéstrame tu camino; guíame por el buen camino a causa de mis enemigos; Salmos 27:11 (DHH)

9. Bendice a tu pueblo, Señor, y dales fortaleza.
El Señor da fuerza a su pueblo; el Señor bendice a su pueblo con paz.
Salmos 29:11 (DHH)

10. BUSCAD LA PAZ Y LA PROSPERIDAD DE JERUSALÉN
"Y buscad el bienestar de la ciudad adonde os he desterrado, y rogad al Señor por ella; porque en su bienestar tendréis bienestar."
Jeremías 29:7 (LBLA)

11. QUE LOS GOBERNANTES DISTINGAN ENTRE LO CORRECTO Y LO ERRADO.
Dame, pues, un corazón atento para gobernar a tu pueblo, y para distinguir entre lo bueno y lo malo; porque ¿quién hay capaz de gobernar a este pueblo tuyo tan numeroso? 1 Reyes 3:9 (DHH)

12. Que el Señor sea tu libertador.
Tú eres mi refugio: me proteges del peligro, me rodeas de gritos de liberación. Selah. Salmos 32:7 (DHH)

13. Señor, bendice a los humildes.
Pero los humildes heredarán la tierra y disfrutarán de completa paz.
Salmos 37:11 (DHH)

14. Que Jerusalén confíe en el Señor
¡Feliz el hombre que confía en el Señor y no busca a los insolentes ni a los que adoran a dioses falsos! Salmos 40:4 (DHH)

15. Un río que alegra la ciudad de Dios.
Un río alegra con sus brazos la ciudad de Dios, la más santa de las ciudades del Altísimo. Salmos 46:4 (DHH)

16. ¡Que el Señor te bendiga, oh Jerusalén!
Que el Señor tenga compasión y nos bendiga, que nos mire con buenos ojos, Selah. Salmos 67:1 (DHH)

17. Benditos sean aquellos cuya fortaleza está en ti.
¡Felices los que en ti encuentran ayuda, los que desean peregrinar hasta tu monte! Salmos 84:5 (DHH)

18. Muestra a la ciudad tu amor incondicional, oh Señor.
Oh Señor, ¡muéstranos tu amor, y sálvanos! Salmos 85:7 (DHH)

19. Benditos sean aquellos que te buscan.
 Felices los que atienden a sus mandatos y lo buscan de todo corazón, Salmos 119:2 (DHH)

20. QUE LOS JUSTOS PROSPEREN EN PARA QUE JERUSALÉN SE REGOCIJE.
Con el bien de los justos, se regocija la ciudad, y cuando perecen los impíos, hay gritos de alegría. Proverbios 11:10 (LBLA)

21. BENDITOS SEAN LOS QUE RESGUARDAN AL DÉBIL.
Dichoso el que piensa en el débil y pobre; el Señor lo librará en tiempos malos. Salmos 41:1 (DHH)

22. Que el señor haga grandes proezas.
Sí, el Señor había hecho grandes cosas por nosotros, y estábamos alegres. Salmos 126:3 (DHH)

23. ¡que los vigilantes no guarden en vano!
Si el Señor no construye la casa, de nada sirve que trabajen los constructores; si el Señor no protege la ciudad, de nada sirve que vigilen los centinelas. Salmos 127:1 (DHH)

24. Que Jerusalén viva en unidad.
¡Vean qué bueno y agradable es que los hermanos vivan unidos! Salmos 133:1 (DHH)

25. Que Jerusalén sepa que nuestro Dios es más grande que todos los dioses. Yo sé muy bien que el Señor nuestro Dios es más grande que todos los dioses. Salmos 135:5 (DHH)

26. Que el Señor cumpla su propósito en ti.
¡El Señor llevará a feliz término su acción en mi favor! Señor, tu amor es eterno; ¡no dejes incompleto lo que has emprendido! Salmos 138:8 (DHH)

27. Que Dios tenga compasión de ti.
El Señor es bueno para con todos, y con ternura cuida sus obras.
Salmos 145:9 (DHH)

28. ¡Alaba al Señor, oh Jerusalén!
Haya alabanzas a Dios en sus labios, y en su mano una espada de dos filos...
Salmos 149:6 (DHH)

29. Todo lo que respira alabe al Señor.
¡Que todo lo que respira alabe al Señor! Salmos 150:6 (DHH)

30. BENDITA ES LA CIUDAD CUYO DIOS ES EL SEÑOR.
Bienaventurada la nación cuyo Dios es el Señor, el pueblo que Él ha escogido como herencia para sí. Salmos 33:12 (LBLA)

MAYO

*Mas Judá para siempre será habitada, y Jerusalén por generación y generación.
Y limpiaré su sangre que aún no he limpiado; y Jehová morará en Sión.
Joel 3:20,21*

Festividades Judías en Mayo

Levítico 23:9-11; 15,16. "Cuando entréis en la tierra que yo os daré, y seguéis su mies, entonces traeréis al sacerdote una gavilla de las primicias de vuestra cosecha…"

MAYO

1. ORAD POR LA PAZ DE JERUSALÉN.
Orad por la paz de Jerusalén: Sean Prosperados los que te aman.
Salmos 122:6 (LBLA)

2. QUE LOS CREYENTES DISFRUTEN EL FAVOR DE TODO EL PUEBLO.
Alababan a Dios y eran estimados por todos; y cada día el Señor hacía crecer la comunidad con el número de los que él iba llamando a la salvación.
HECHOS 2:47 (DHH)

3. Que tengas discreción y entendimiento.
La discreción y la inteligencia serán tus constantes protectoras;
Proverbios 2:11 (DHH)

4. Ten misericordia y sigue la verdad.
No abandones nunca el amor y la verdad; llévalos contigo como un collar. Grábatelos en la mente, Proverbios 3:3 (DHH)

5. Que el Señor te guarde.
Porque el Señor te infundirá confianza y evitará que caigas en alguna trampa. Proverbios 3:26 (DHH)

6. Teme a Dios.
La sabiduría comienza por honrar al Señor; conocer al Santísimo es tener inteligencia. Proverbios 9:10 (DHH)

7. Señor, acuérdate de los justos.
El Señor no deja con hambre al que es bueno, pero impide al malvado calmar su apetito. Proverbios 10:3 (DHH)

8. El Señor bendiga a los rectos.
Sobre el hombre bueno llueven bendiciones, pero al malvado lo ahoga la violencia. Proverbios 10:6 (DHH)

9. El Señor sea refugio para los justos.
El Señor protege a los que hacen bien, pero destruye a los que hacen mal. Proverbios 10:29 (DHH)

10. BUSCAD LA PAZ Y LA PROSPERIDAD DE JERUSALÉN
"Y buscad el bienestar de la ciudad adonde os he desterrado, y rogad al Señor por ella; porque en su bienestar tendréis bienestar.".
Jeremías 29:7 (LBLA)

11. QUE DIOS DOTE A LOS GOBERNANTES CON JUICIO Y RECTITUD.
Concede, oh Dios, al rey, tu propia justicia y rectitud, Salmos 72:1 (DHH)

12. QUE TODOS TE TEMAN, OH DIOS.
El honrar al Señor es fuente de vida que libra de los lazos de la muerte.
Proverbios 14:27 (DHH)

13. Benditos sean los que persiguen la justicia.
El Señor no soporta la conducta de los malvados, pero ama a quien vive una vida recta. Proverbios 15:9 (DHH)

14. Benditos sean los que en ti confían, oh Dios.
Al que bien administra, bien le va; ¡feliz aquel que confía en el Señor!
Proverbios 16:20 (DHH)

15. Que los justos corran al Señor.
El nombre del Señor es una torre poderosa a la que acuden los justos en busca de protección. Proverbios 18:10 (DHH)

16. Que Jerusalén tema al Señor.
La reverencia al Señor conduce a la vida; uno vive contento y sin sufrir ningún mal. Proverbios 19:23 (DHH)

17. Que se haga justicia en Jerusalén.
Cuando se hace justicia, el justo se alegra, y a los malhechores les llega la ruina. Proverbios 21:15 (DHH)

18. Que Jerusalén conozca la humildad y el temor de Jehová.
La humildad y la reverencia al Señor traen como premio riquezas, honores y vida. Proverbios 22:4 (DHH)

19. Que los culpables sean condenados.
Pero a quienes lo castigan, les va bien y la gente los cubre de bendiciones. Proverbios 24:25 (DHH)

20. QUE LOS JUSTOS PROSPEREN PARA QUE JERUSALÉN SE REGOCIJE.
Con el bien de los justos, se regocija la ciudad, y cuando perecen los impíos, hay gritos de alegría. Proverbios 11:10 (LBLA)

21. LEVANTA LA VOZ POR LOS DERECHOS DE LOS DESVALIDOS.
Levanta la voz por los que no tienen voz; ¡defiende a los indefensos! Proverbios 31:8 (DHH)

22. Que Jerusalén confíe en el Señor.
El que mucho ambiciona, provoca peleas; pero el que confía en el Señor, prospera. Proverbios 28:25 (DHH)

23. Que el Señor sea tu escudo.
El Señor protege a los que en él confían; todas sus promesas son dignas de confianza. Proverbios 30:5 (DHH)

24. Que los sabios salven la ciudad por su sabiduría.
Y en la ciudad vive un hombre pobre, pero sabio, que con su sabiduría podría salvar a la ciudad, ¡y nadie se acuerda de él! Eclesiastés 9:15 (DHH)

25. Que Jerusalén conozca la sabiduría.
Buena y provechosa es la sabiduría para los que viven en este mundo, si además va acompañada de una herencia. Eclesiastés 7:11 (DHH)

26. Que los jóvenes se acuerden de su Creador.
Acuérdate de tu Creador ahora que eres joven y que aún no han llegado los tiempos difíciles; ya vendrán años en que digas: «No me trae ningún placer vivirlos.» Eclesiastés 12:1 (DHH)

Zechor – ¡Recuerda!

Yom haShoah conmemora a los 4.5 millones de adultos y 1.5 millones de niños que fueron asesinados por los Nazis y sus colaboradores.

Memorial del Holocausto Yad Vashem – el final del túnel.

Olvidar significa morir - ¡Para recordar! ¡Para vivir!

Millones de soldados caídos en el Cementerio de las Fuerzas de Defensa Israelí del Monte Herzl.

27. Que Jerusalén sea una ciudad de olor fragante.
Deliciosos al olfato tus perfumes, tu nombre es perfume derramado. ¡Por eso te aman las mujeres! Cantares 1:3 (DHH)

28. Que Jerusalén sea como un árbol de manzanas entre los árboles.
Mi amado es, entre los hombres, como un manzano entre los árboles del bosque. ¡Qué agradable es sentarme a su sombra! ¡Qué dulce me sabe su fruta! Cantares 2:3 (DHH)

29. ¡Cuán hermosa eres, o ciudad de Dios!
¡Qué hermosa eres, amor mío! ¡Qué hermosa eres! Tus ojos son dos palomas escondidas tras tu velo; tus cabellos son como cabritos que retozan por los montes de Galaad. Cantares 4:1 (DHH)

30. BENDITA ES LA CIUDAD CUYO DIOS ES EL SEÑOR.
Bienaventurada la nación cuyo Dios es el SEÑOR, el pueblo que Él ha escogido como herencia para sí. Salmos 33:12 (LBLA)

31. Que el nombre de la ciudad sea: EL SEÑOR ESTÁ AHÍ.
La ciudad tendrá dieciocho mil *codos* en derredor; y el nombre de la ciudad desde *ese* día *será*: "el SEÑOR está allí." Ezequiel 48:35 (LBLA)

JUNIO

Vista desde el Monte Scopus en dirección a la Ciudad Antigua

Porque Jehová ha elegido a Sión;
la deseó por habitación para sí.
Salmos 132:13

JUNIO

1. ORAD POR LA PAZ DE JERUSALÉN.
Orad por la paz de Jerusalén: Sean Prosperados los que te aman.
Salmos 122:6 (LBLA)

2. QUE LOS CREYENTES SE MANTENGAN FIRMES EN SU FE.
Samaria es la capital de Efraín, y el hijo de Remalías es el rey de Samaria; pero dentro de sesenta y cinco años Efraín dejará de ser nación; y si ustedes no tienen una fe firme, tampoco quedarán firmemente en pie.
Isaías 7:9 (DHH)

3. Seas llamada: ciudad de justicia y ciudad fiel.
Haré que vuelvas a tener jueces como antes y consejeros como los del principio. Después que yo lo haya hecho, volverán a llamarte "Ciudad de justicia", "Ciudad fiel". Isaías 1:26 (DHH)

4. Que los justos puedan disfrutar de los frutos de sus manos.
Dichoso el justo, porque le irá bien y gozará del fruto de sus acciones.
Isaías 3:10

5. Que los que caminan en la oscuridad puedan ver la luz.
El pueblo que andaba en la oscuridad vio una gran luz; una luz ha brillado para los que vivían en tinieblas. Isaías 9:2 (DHH)

6. Que el Señor te libre del opresor.
Señor, has traído una gran alegría; muy grande es el gozo. Todos se alegran delante de ti como en tiempo de cosecha, como se alegran los que se reparten grandes riquezas. Isaías 9:3 (DHH)

7. El Señor sea tu salvación.
Dios es quien me salva; tengo confianza, no temo. El Señor es mi refugio y mi fuerza, él es mi salvador. Isaías 12:2 (DHH)

8. Que saques con gozo agua de las fuentes de la salvación
También ustedes podrán ir a beber con alegría en esa fuente de salvación, Isaías 12:3 (DHH)

9. Que todos vuelvan su mirada al Santo de Israel.
En ese día el hombre volverá sus ojos a su creador, al Dios Santo de Israel. Isaías 17:7 (DHH)

10. BUSCAD LA PAZ Y LA PROSPERIDAD DE JERUSALÉN.
"Y buscad el bienestar de la ciudad adonde os he desterrado, y rogad al Señor por ella; porque en su bienestar tendréis bienestar."
Jeremías 29:7 (LBLA)

11. QUE LOS GOBERNANTES DE JERUSALÉN DEN ESTABILIDAD POR MEDIO DE LA JUSTICIA.
El rey que hace justicia, afirma a su país; el que sólo exige impuestos, lo arruina. Proverbios 29:4 (DHH)

12. Que Dios sea la fuente de tu fortaleza
Inspirará justicia a los jueces en el tribunal y valor a los soldados que defiendan la ciudad. Isaías 28:6 (DHH)

13. Que tu actuar sea justo y rectamente
En esa construcción usaré por plomada la justicia y por nivel la rectitud. Isaías 28:17 (DHH)

14. ¡Arrepiéntete, descansa y confía, oh Jerusalén!
El Señor, el Dios Santo de Israel, dice: «Vuelvan, quédense tranquilos y estarán a salvo. En la tranquilidad y la confianza estará su fuerza.»
Isaías 30:15 (DHH)

15. Que el Señor tenga piedad y muestre misericordia.
Por tanto, Jehová esperará para tener piedad de vosotros, y por tanto, será exaltado teniendo de vosotros misericordia. Isaías 30:18 (RVR1960)

16. Que Jerusalén confíe en el Señor.
Porque Jehová es Dios justo; bienaventurados todos los que confían en él. Isaías 30:18 (RVR1960)

17. Que el Señor sea tu salvación.
Oh Jehová, ten misericordia de nosotros, a ti hemos esperado; tú, brazo de ellos en la mañana, sé también nuestra salvación en tiempo de la tribulación. Isaías 33:2 (RVR1960)

18. Que el Señor sea tu sólido fundamento.
Y reinarán en tus tiempos la sabiduría y la ciencia, y abundancia de salvación. Isaías 33:6 (RVR1960)

19. Que la ciudad sea bendecida por el temor de Jehová.
El temor de Jehová será su tesoro. Isaías 33:6 (RVR1960)

20. QUE LOS JUSTOS PROSPEREN PARA QUE JERUSALÉN SE REGOCIJE.
Con el bien de los justos, se regocija la ciudad, y cuando perecen los impíos, hay gritos de alegría. Proverbios 11:10 (LBLA)

21. HABLA EN ALTO Y JUZGA JUSTAMENTE; DEFIENDE LOS DERECHOS DEL POBRE Y DEL NECESITADO.
Abre tu boca, juzga con justicia, y defiende la causa del pobre y del menesteroso. Proverbios 31:9 (RVR1960)

22. Que muchos caminen en los Caminos de Santidad.
Y habrá allí calzada y camino, y será llamado Camino de Santidad; no pasará inmundo por él, sino que él mismo estará con ellos; el que anduviere en este camino, por torpe que sea, no se extraviará. Isaías 35:8 (RVR1960)

23. ¡No temas, oh Jerusalén!
No temas, porque yo estoy contigo; no desmayes, porque yo soy tu Dios que te esfuerzo; siempre te ayudaré, siempre te sustentaré con la diestra de mi justicia. Isaías 41:10 (RVR1960)

24. Que el Señor alimente al pueblo.
Porque yo derramaré aguas sobre el sequedal, y ríos sobre la tierra árida; mi Espíritu derramaré sobre tu generación, y mi bendición sobre tus renuevos; Isaías 44:3 (RVR1960)

25. Que el Señor vaya delante de ti y allane las montañas.
Yo iré delante de ti, y enderezaré los lugares torcidos. Isaías 45:2 (RVR1960)

26. Que el Señor haga pedazos las puertas de bronce.
Quebrantaré puertas de bronce, y cerrojos de hierro haré pedazos. Isaías 45:2 (RVR1960)

27. Que el Señor consuele la ciudad.
Cantad alabanzas, alegraos juntamente, soledades de Jerusalén; porque Jehová ha consolado a su pueblo, a Jerusalén ha redimido. Isaías 52:9 (RVR1960)

28. Bendice al humilde de espíritu.
Porque así dijo el Alto y Sublime, el que habita la eternidad, y cuyo nombre es el Santo: Yo habito en la altura y la santidad, y con el quebrantado y humilde de espíritu, para hacer vivir el espíritu de los humildes, y para vivificar el corazón de los quebrantados. Isaías 57:15 (RVR1960)

29. Que Dios extienda paz como un río desbordado.
Porque así dice Jehová: He aquí que yo extiendo sobre ella paz como un río, y la gloria de las naciones como torrente que se desborda; y mamaréis, y en los brazos seréis traídos, y sobre las rodillas seréis mimados. Isaías 66:12 (RVR1960)

30. BENDITA ES LA CIUDAD CUYO DIOS ES EL SEÑOR.
Bienaventurada la nación cuyo Dios es el SEÑOR, el pueblo que Él ha escogido como herencia para sí. Salmos 33:12 (LBLA)

Mirando hacia el Valle de Josafat.

JULIO

Ciudad Antigua, Barrio Armenio, hacia el Portón de Jaffa.

¿Y qué se responderá a los mensajeros de la nación? Que Jehová fundó a Sión, y que en ella se refugiarán los afligidos de su pueblo.
Isaías 14:32

JULIO

1. ORAD POR LA PAZ DE JERUSALÉN.
Orad por la paz de Jerusalén: Sean Prosperados los que te aman. Salmos 122:6 (LBLA)

2. QUE LOS CREYENTES SEAN DE UN SOLO SENTIR Y PENSAR.
Todos los seguidores de Jesús tenían una misma manera de pensar y de sentir. Todo lo que tenían lo compartían entre ellos, y nadie se sentía dueño de nada. Hechos 4:32 (TLA)

3. Que camines por los caminos del Señor.
Lo que sí les mandé fue que me obedecieran. Sólo así yo sería su Dios, y ellos serían mi pueblo. También les mandé obedecer mis mandamientos, para que siempre les fuera bien. Jeremías 7:23 (TLA)

4. Que haya un tiempo de sanidad.
Esperábamos que nos fuera bien, pero nada bueno hemos recibido; esperábamos ser sanados, pero estamos llenos de miedo. Jeremías 8:15 (TLA)

5. Que el Señor te libre con propósito eterno.
»Dios prometió protegerme en momentos difíciles, y hacer que mis enemigos me pidieran compasión». Jeremías 15:11 (TLA)

6. Que las palabras de Dios sean tu gozo y alegría.
»Todopoderoso Dios de Israel, cuando tú me hablaste, tomé en serio tu mensaje. Mi corazón se llenó de alegría al escuchar tus palabras, porque yo soy tuyo. Jeremías 15:16 (TLA)

7. Que el Señor te rescate y te salve.
»Yo haré que seas para este pueblo como un fuerte muro de bronce. Los malvados pelearán contra ti, pero no te podrán vencer, porque yo estaré contigo para librarte de su poder. ¡Yo te salvaré de esos tiranos! Te juro que así lo haré». Jeremías 15:20 (TLA)

8. Que Jerusalén confine en el Señor.
" ¡Pero benditos sean aquellos que sólo confían en mí! Jeremías 17:7 (TLA)

9. Que el Señor sea contigo.
Mas Jehová está conmigo como poderoso gigante; por tanto, los que me persiguen tropezarán, y no prevalecerán; serán avergonzados en gran manera, porque no prosperarán; tendrán perpetua confusión que jamás será olvidada. Jeremías 20:11 (RVR 1960)

10. BUSCAD LA PAZ Y LA PROSPERIDAD DE JERUSALÉN.
"Y buscad el bienestar de la ciudad adonde os he desterrado, y rogad al Señor por ella; porque en su bienestar tendréis bienestar.".
Jeremías 29:7 (LBLA)

11. QUE EL SEÑOR HAGA QUE LA PAZ TE GOBIERNE Y LA RECTITUD TE DIRIJA.
»Yo, el Dios de Israel, haré que gobierne la paz y que haya justicia. Les daré oro en vez de bronce, plata en vez de hierro, bronce en vez de madera, y hierro en vez de piedras. Isaías 60:17 (TLA)

12. Nada hay imposible para Ti, Oh Dios.
«Jeremías, yo soy el Dios de Israel y de todo el mundo. No hay absolutamente nada que yo no pueda hacer. Jeremías 32:27 (TLA)

13. Que el Señor sea tu Dios, oh Jerusalén.
Ellos serán mi pueblo, y yo seré su Dios. Jeremías 32:38 (TLA)

14. Que tu futuro sea lleno de esperanza.
Mis planes para ustedes solamente yo los sé, y no son para su mal, sino para su bien. Voy a darles un futuro lleno de bienestar. Jeremías 29:11 (TLA)

15. Que el Señor sea todo para ti.
Por eso digo que en él confío; ¡Dios es todo para mí! Lamentaciones 3:24 (TLA)

16. Que busques al Señor.
Bueno es Jehová a los que en él esperan, al alma que le busca.
Lamentaciones 3:25 (RVR 1960)

17. Que Dios te libere de la trampa.
Por tanto, así ha dicho Jehová el Señor: He aquí yo estoy contra vuestras vendas mágicas, con que cazáis las almas al vuelo; yo las libraré de vuestras manos, y soltaré para que vuelen como aves las almas que vosotras cazáis volando. Ezequiel 13:20 (RVR 1960)

18. Que Dios perfeccione tu belleza.
De tal manera traté a Jerusalén, que la hice famosa. Todo el mundo la consideraba una belleza perfecta. Les juro que así fue. Ezequiel 16:14 (TLA)

19. Que conozcas al Señor.
Yo estableceré mi alianza contigo, y sabrás que yo soy el SEÑOR. Ezequiel 16:62 (NVI)

20. QUE LOS JUSTOS PROSPEREN PARA QUE JERUSALÉN SE REGOCIJE.
Con el bien de los justos, se regocija la ciudad, y cuando perecen los impíos, hay gritos de alegría. Proverbios 11:10 (LBLA)

21. LIBRA AL NECESITADO Y AL AFLIGIDO.
El rey librará a los pobres cuando ellos le pidan ayuda; salvará a los afligidos que no tienen quién los ayude. Salmos 72:12 (TLA)

22. Que el Señor envíe lluvias de bendición sobre la ciudad.
Yo los dejaré vivir alrededor de mi monte, y les enviaré abundantes lluvias en el momento oportuno. Ezequiel 34:26 (TLA)

23. Que el Señor te rescate de tus tiranos.
Los árboles del campo darán sus frutos, la tierra dará su cosecha, y ustedes vivirán tranquilos en su propia tierra. Y cuando yo los libre de quienes los hicieron esclavos, reconocerán que soy el Dios de Israel.
Ezequiel 34:27 (TLA)

24. Que el Señor te proteja.
Yo mismo voy a cuidar de ustedes, y volverán a sembrar y cultivar sus terrenos. Ezequiel 36:9 (TLA)

25. Que dejes de sufrir desgracia entre las naciones.
Multiplicaré el fruto de los árboles y las cosechas del campo, para que no sufran más entre las naciones el oprobio de pasar hambre.
Ezequiel 36:30 (NVI)

26. Que Dios haga tabernáculo en medio de ti.
Habitaré entre ellos, y yo seré su Dios y ellos serán mi pueblo.
Ezequiel 37:27 (NVI)

27. Que Tu santo Nombre sea conocido.
"Y me daré a conocer en medio de mi pueblo Israel. Ya no permitiré que mi santo nombre sea profanado; las naciones sabrán que yo soy el Señor, el santo de Israel. Ezequiel 39:7 (NVI)

28. Que el Señor tenga compasión de la ciudad.
Pero les aseguro que tendré compasión de todo el pueblo de Israel, y ustedes volverán a ser felices; así haré que todos me guarden el debido respeto. Ezequiel 39:25 (TLA)

29. Que Dios busque a Sus ovejas.
Porque así ha dicho Jehová el Señor: He aquí yo, yo mismo iré a buscar mis ovejas, y las reconoceré. Ezequiel 34:11 (RVR 1960)

30. BENDITA ES LA CIUDAD CUYO DIOS ES EL SEÑOR.
Bienaventurada la nación cuyo Dios es el Señor, el pueblo que Él ha escogido como herencia para sí. Salmos 33:12 (LBLA)

31. Que el nombre de la ciudad sea: EL SEÑOR ESTÁ AHÍ.
La ciudad tendrá dieciocho mil *codos* en derredor; y el nombre de la ciudad desde *ese* día *será*: "el Señor está allí." Ezequiel 48:35 (LBLA)

Las diferentes caras de Jerusalén.

 NOTAS

AGOSTO

Portón Nuevo hacia el Barrio Cristiano

Despierta, despierta, vístete tu fortaleza, oh Sión; vístete tu ropa de hermosura, oh Jerusalén, ciudad santa; porque nunca más vendrá a ti incircunciso ni inmundo.
Isaías 52:1

AGOSTO

1. ORAD POR LA PAZ DE JERUSALÉN.
Orad por la paz de Jerusalén: Sean Prosperados los que te aman. Salmos 122:6 (LBLA)

2. QUE LOS CREYENTES DISFRUTEN DE UN TIEMPO DE PAZ.
Mientras tanto, la iglesia disfrutaba de paz a la vez que se consolidaba en toda Judea, Galilea y Samaria, pues vivía en el temor del Señor. E iba creciendo en número, fortalecida por el Espíritu Santo. Hechos 9:31 (NVI)

3. Que prosperes grandemente.
El rey Nabucodonosor, a todos los pueblos y naciones que habitan en este mundo, y a toda lengua: ¡Paz y prosperidad para todos! Daniel 4:1 (NVI)

4. Que Dios te rescate y te salve.
Él rescata y salva; hace prodigios en el cielo y maravillas en la tierra. ¡Ha salvado a Daniel de las garras de los leones!» Daniel 6:27 (NVI)

5. Oh Señor, muestra tu favor para con Jerusalén.
"Y ahora, Dios y Señor nuestro, escucha las oraciones y súplicas de este siervo tuyo. Haz honor a tu nombre y mira con amor a tu santuario, que ha quedado desolado. Daniel 9:17 (NVI)

6. Que tu sabiduría resplandezca.
Los sabios resplandecerán con el brillo de la bóveda celeste; Daniel 12:3 (NVI)

7. Que todos los justos resplandezcan.
Los que instruyen a las multitudes en el camino de la justicia brillarán como las estrellas por toda la eternidad. Daniel 12:3 (NVI)

8. Que Dios muestre su amor y favor para con la ciudad.
En cambio, tendré compasión de la tribu de Judá, y la salvaré; pero no por medio de arco, ni de espada ni de batallas, ni tampoco por medio de caballos y jinetes, sino por medio del SEÑOR su Dios. Oseas 1:7 (NVI)

9. Que Dios convierta el Valle de la Desgracia en una puerta de Esperanza.
Allí le devolveré sus viñedos, y convertiré el valle de la Desgracia en el paso de la Esperanza. Allí me corresponderá, como en los días de su juventud, como en el día en que salió de Egipto. Oseas 2:15 (NVI)

10. BUSCAD LA PAZ Y LA PROSPERIDAD DE JERUSALÉN.
"Y buscad el bienestar de la ciudad adonde os he desterrado, y rogad al Señor por ella; porque en su bienestar tendréis bienestar."
Jeremías 29:7 (LBLA)

11. ORE POR EL BIENESTAR DEL ALCALDE Y DE SU FAMILIA.
Así podrán ellos ofrecer sacrificios gratos al Dios del cielo y rogar por la vida del rey y de sus hijos. Esdras 6:10 (NVI)

12. Que Dios se manifieste como la lluvia de primavera.
Conozcamos al SEÑOR; vayamos tras su conocimiento. Tan cierto como que sale el sol, él habrá de manifestarse; vendrá a nosotros como la lluvia de invierno, como la lluvia de primavera que riega la tierra. Oseas 6:3 (NVI)

13. Que el Señor te atraiga con cuerdas de ternura.
Lo atraje con cuerdas de ternura, lo atraje con lazos de amor.
Oseas 11:4 (NVI)

14. Que Dios cuide de ti.
Le quité de la cerviz el yugo, y con ternura me acerqué para alimentarlo.
Oseas 11:4 (NVI)

15. Que experimentes justicia, juicio, benignidad y misericordia.
Yo te haré mi esposa para siempre, y te daré como dote el derecho y la justicia, el amor y la compasión. Oseas 2:19 (NVI)

16. Que Dios derrame su espíritu sobre su pueblo.
Después de esto, derramaré mi Espíritu sobre todo el género humano. Los hijos y las hijas de ustedes profetizarán, tendrán sueños los ancianos y visiones los jóvenes. Joel 2:28 (NVI)

17. Que el Señor sea un refugio y una fortaleza.
Rugirá el SEÑOR desde Sion, tronará su voz desde Jerusalén, y la tierra y el cielo temblarán. Pero el SEÑOR será un refugio para su pueblo, una fortaleza para los israelitas. Joel 3:16 (NVI)

18. Que Dios irrigue la ciudad.
En aquel día las montañas destilarán vino dulce, y de las colinas fluirá leche; correrá el agua por los arroyos de Judá. De la casa del SEÑOR brotará una fuente que irrigará el valle de las Acacias. Joel 3:18 (NVI)

19. Que el Señor limpie la ciudad.
Y limpiaré la sangre de los que no había limpiado; y Jehová morará en Sion. Joel 3:21 (RVR 1960)

20. QUE LOS JUSTOS PROSPEREN PARA QUE JERUSALÉN SE REGOCIJE.
Con el bien de los justos, se regocija la ciudad, y cuando perecen los impíos, hay gritos de alegría. Proverbios 11:10 (LBLA)

21. QUE EN DIOS EL HUÉRFANO ENCUENTRE COMPASIÓN.
Asiria no podrá salvarnos; no montaremos caballos de guerra. Nunca más llamaremos "dios nuestro" a cosas hechas por nuestras manos, pues en ti el huérfano halla compasión. Oseas 14:3 (NVI)

22. Que fluya la justicia como un manantial inagotable.
¡Pero que fluya el derecho como las aguas, y la justicia como arroyo inagotable! Amós 5:24 (NVI)

23. Que Dios restaure la ciudad.
En aquel día levantaré la choza caída de David. Repararé sus grietas, restauraré sus ruinas y la reconstruiré tal como era en días pasados; Amós 9:11 (NVI)

24. Que haya liberación y santidad en la ciudad.
Pero en el monte Sion habrá liberación, y será sagrado. El pueblo de Jacob recuperará sus posesiones. Abdías 17 (NVI)

25. Que Dios saque tu vida de la sepultura.
Arrastrándome a los cimientos de las montañas, me tragó la tierra, y para siempre sus cerrojos se cerraron tras de mí. Pero tú, SEÑOR, Dios mío, me rescataste de la fosa. Jonás 2:6 (NVI)

26. La salvación viene del Señor.
Yo, en cambio, te ofreceré sacrificios y cánticos de gratitud. Cumpliré las promesas que te hice. ¡La salvación viene del SEÑOR! Jonás 2:9 (NVI)

27. Que tus caminos sean rectos.
Los descendientes de Jacob declaran: «¿Acaso ha perdido el SEÑOR la paciencia? ¿Es ésta su manera de actuar? ¿Acaso no hacen bien sus palabras? ¿Acaso no caminamos con el Justo?» Miqueas 2:7 (NVI)

28. Que Tu pueblo marche en el Nombre del Señor.
Todos los pueblos marchan en nombre de sus dioses, pero nosotros marchamos en el nombre del SEÑOR, en el nombre de nuestro Dios, desde ahora y para siempre. Miqueas 4:5 (NVI)

29. Que Dios sea tu paz.
Pero surgirá uno para pastorearlos con el poder del SEÑOR, con la majestad del nombre del SEÑOR su Dios. Vivirán seguros, porque él dominará hasta los confines de la tierra. ¡Él traerá la paz! Si Asiria llegara a invadir nuestro país para pisotear nuestras fortalezas, le haremos frente con siete pastores, y aun con ocho líderes del pueblo. Miqueas 5:4,5 (NVI)

30. BENDITA ES LA CIUDAD CUYO DIOS ES EL SEÑOR.
Bienaventurada la nación cuyo Dios es el SEÑOR, el pueblo que Él ha escogido como herencia para sí. Salmos 33:12 (LBLA)

31. Que el nombre de la ciudad sea: EL SEÑOR ESTÁ AHÍ.
La ciudad tendrá dieciocho mil *codos* en derredor; y el nombre de la ciudad desde *ese* día *será*: "el SEÑOR está allí." Ezequiel 48:35 (LBLA)

SEPTIEMBRE

Corte de Justicia, Jerusalén ©Davka 1998

Y vendrán muchas naciones, y dirán: Venid, y subamos al monte de Jehová, y a la casa del Dios de Jacob; y Él nos enseñará en sus caminos, y andaremos por sus sendas; porque de Sión saldrá la ley, y de Jerusalén la palabra de Jehová.
Miqueas 4:2

Festividades Judías en Septiembre

Levítico 23:23-27. "En el séptimo mes, el primer día del mes, tendréis día de reposo, un memorial al son *de trompetas,* una santa convocación... A los diez *días* de este séptimo mes será el día de expiación; será santa convocación para vosotros, y humillaréis vuestras almas y presentaréis una ofrenda encendida al SEÑOR"

SEPTIEMBRE

1. ORAD POR LA PAZ DE JERUSALÉN.
Orad por la paz de Jerusalén: Sean Prosperados los que te aman.
Salmos 122:6 (LBLA)

2. QUE LOS CREYENTES MANIFIESTEN LA FRAGANCIA DE CRISTO.
Pero gracias a Dios, que en Cristo Jesús siempre nos hace salir triunfantes, y que por medio de nosotros manifiesta en todas partes el aroma de su conocimiento. 2 Corintios 2:14 (RVC)

3. Dios te proteja Jerusalén.
El Señor es bueno; es un refugio en el día de la angustia. El Señor conoce a los que en él confían. Nahúm 1:7 (RVC)

4. Que todos vengan a la ciudad para proclamar paz.
Ya se oyen sobre los montes los pies del que trae buenas nuevas, del que anuncia la paz. ¡Celebra tus fiestas, Judá, y cumple tus votos! ¡Los malvados han perecido por completo, y nunca más volverán a conquistarte! Nahúm 1:15 (RVC)

5. Que Dios restaure la Gloria de la ciudad.
Los saqueadores despojaron a Jacob, ¡estropearon las viñas de Israel! Pero el Señor restaurará su antigua gloria. Nahúm 2:2 (RVC)

6. Que los justos vivan por fe.
Aquel cuya alma no es recta, es arrogante; pero el justo vivirá por su fe. Habacuc 2:4 (RVC)

7. Que Jerusalén sea llena del conocimiento del Señor.
Porque así como el mar rebosa de agua, también la tierra rebosará con el conocimiento de la gloria del Señor. Habacuc 2:14 (RVC)

8. Que el Señor sea tu Fortaleza.
Tú, Señor eres mi Dios y fortaleza. Tú, Señor, me das pies ligeros, como de cierva, y me haces andar en mis alturas. Habacuc 3:19 (RVC)

9. ¡Busca al Señor, oh Jerusalén!
Ustedes, los humildes de la tierra, los que practican la justicia del Señor, ¡búsquenlo! ¡Busquen al Señor y su justicia! ¡Practiquen la mansedumbre! Tal vez el Señor los proteja en el día de su enojo. Sofonías 2:3 (RVC)

10. BUSCAD LA PAZ Y LA PROSPERIDAD DE JERUSALÉN.
"Y buscad el bienestar de la ciudad adonde os he desterrado, y rogad al Señor por ella; porque en su bienestar tendréis bienestar." Jeremías 29:7 (LBLA)

11. QUE LOS GOBERNADORES ESTABLEZCAN LEYES JUSTAS.
Por mí llegan los reyes al trono y los príncipes imparten justicia. Proverbios 8:15 (RVC)

12. Que Dios cuide de ti.
Allí cuidarán sus rebaños los sobrevivientes de la casa de Judá, y pasarán la noche en las casas de Ascalón, porque el Señor su Dios los visitará y los rescatará de su cautiverio. Sofonías 2:7 (RVC)

13. Purifica los labios del pueblo, Señor.
Cuando llegue el momento, devolveré a los pueblos la pureza de labios, para que todos invoquen mi nombre y me sirvan con espíritu unánime. Sofonías 3:9 (RVC)

14. Que el Señor aparte tus juicios.
¡Canta, hija de Sion! ¡Da voces de júbilo, Israel! ¡Regocíjate de todo corazón, hija de Jerusalén! ¡El Señor ha apartado tus juicios, y ha expulsado a tus enemigos! ¡El Señor es el Rey de Israel, y está en medio de ti! ¡Nunca más verás el mal! Sofonías 3:14,15 (RVC)

15. El Señor sea contigo.
El Señor está en medio de ti, y te salvará con su poder; por ti se regocijará y se alegrará. Sofonías 3:17 (RVC)

16. El Señor se regocije en ti.
Por amor guardará silencio, y con cánticos se regocijará por ti."
Sofonías 3:17 (RVC)

17. Que la Gloria presente de la ciudad sea mayor que la anterior.
»Al final, la gloria de esta casa será mayor que al principio, Hageo 2:9 (RVC)

18. Que el Señor establezca la paz en Jerusalén.
Y haré que en este lugar haya paz. Lo digo yo, el Señor de los ejércitos.» - Palabra del Señor de los ejércitos. Hageo 2:9 (RVC)

19. Que el Señor sea una muralla de fuego alrededor de la ciudad.
Yo seré para ella una muralla de fuego, que la rodeará y que estará en medio de ella, para gloria suya. Zacarías 2:5 (RVC)

20. QUE LOS JUSTOS PROSPEREN PARA QUE JERUSALÉN SE REGOCIJE.
Con el bien de los justos, se regocija la ciudad, y cuando perecen los impíos, hay gritos de alegría. Proverbios 11:10 (LBLA)

21. BENDICE A LA VIUDA, AL HUÉRFANO, AL EXTRANJERO Y AL POBRE.
No opriman a las viudas ni a los huérfanos, ni a los extranjeros ni a los pobres; y nunca abriguen malos pensamientos en contra de sus hermanos. Zacarías 7:10 (RVC)

22. Que Jerusalén experimente Tu poder, Oh Señor.
Entonces el ángel me respondió y me dijo: «Es la palabra del Señor a Zorobabel, que le dice: "Yo no actúo por medio de un ejército, ni por la fuerza, sino por medio de mi espíritu." »Lo ha dicho el Señor de los ejércitos. Zacarías 4:6 (RVC)

23. Que Jerusalén sea llamada "Ciudad de la Verdad".
Así ha dicho el Señor: Yo he restaurado a Sion, y viviré en medio de Jerusalén. Y Jerusalén será llamada "Ciudad de la Verdad", y el monte del Señor de los ejércitos será llamado "Monte Santo". Zacarías 8:3 (RVC)

24. Que el Señor sea fiel y justo contigo.
Yo los traeré, y los haré habitar en el corazón mismo de Jerusalén, y ellos serán mi pueblo, y yo seré su Dios en verdad y en justicia.' Zacarías 8:8 (RVC)

25. Que hayan juicios justos en tus tribunales.
Lo que sí deben hacer es hablar siempre a su prójimo con la verdad, y juzgar en sus tribunales siempre con apego a la verdad y a lo conducente a la paz. Zacarías 8:16 (RVC)

26. ¡Tú eres la niña de los ojos del Señor!
Así ha dicho el glorioso Señor de los ejércitos, que me ha enviado a decir a las naciones que los despojaron a ustedes de todo: «El que los toca a ustedes, toca a la niña de mis ojos. Zacarías 2:8 (RVC)

27. Que hayan muchos mensajeros del Señor Todopoderoso.
En sus labios estuvo la ley verdadera, y nunca pronunció nada inicuo; anduvo conmigo en paz y en justicia, e hizo que muchos se apartaran de la maldad. [7] Y es que los labios del sacerdote son depositarios de la sabiduría; el pueblo espera hallar la ley en sus palabras, porque él es mensajero del Señor de los ejércitos. Malaquías 2:6,7 (RVC)

28. Que Tus bendiciones abunden.
Entreguen completos los diezmos en mi tesorería, y habrá alimento en mi templo. Con esto pueden ponerme a prueba: verán si no les abro las ventanas de los cielos y derramo sobre ustedes abundantes bendiciones. Lo digo yo, el Señor de los ejércitos. Malaquías 3:10 (RVC)

29. ¡Que experimentes sanidad, oh Jerusalén!
Pero para ustedes, los que temen mi nombre, brillará un sol de justicia que les traerá salvación. Entonces ustedes saltarán de alegría, como los becerros cuando se apartan de la manada. Malaquías 4:2 (RVC)

30. BENDITA ES LA CIUDAD CUYO DIOS ES EL SEÑOR.
Bienaventurada la nación cuyo Dios es el Señor, el pueblo que Él ha escogido como herencia para sí. Salmos 33:12 (LBLA)

Y me dijo el Ángel que hablaba conmigo:
Clama, diciendo: Así dice Jehová de los ejércitos:
Estoy celoso por Jerusalén y por Sión, con gran celo:
Zacarías 1:14

OCTUBRE

Sinagoga Central, Calle King George © Davka 199?

Alégrate mucho, hija de Sión;
da voces de júbilo, hija de Jerusalén:
he aquí, tu Rey vendrá a ti, Él es justo
y salvador, humilde, y cabalgando sobre un asno,
sobre un pollino hijo de asna.
Zacarías 9: 9

Decid a la hija de Sión: He aquí tu Rey viene a ti,
manso, y sentado sobre una asna,
y un pollino hijo de animal de yugo.
Mateo 21:5

Festividades Judías en Octubre

Levítico 23:33,34. "El día quince de este mes séptimo es la fiesta de los tabernáculos; *se celebrará* al SEÑOR por siete días."

OCTUBRE

1. ORAD POR LA PAZ DE JERUSALÉN.
Orad por la paz de Jerusalén: Sean Prosperados los que te aman.
Salmos 122:6 (LBLA)

2. DIOS BENDIGA A LOS CREYENTES CON TODA BENDICIÓN ESPIRITUAL EN CRISTO.
Bendito sea el Dios y Padre de nuestro Señor Jesucristo, que nos bendijo con toda bendición espiritual en los lugares celestiales en Cristo.
Efesios 1:3 (RVR1960)

3. Benditos sean los pobres en espíritu.
Bienaventurados los pobres en espíritu, porque de ellos es el reino de los cielos. Mateo 5:3 (RVR1960)

4. Benditos sean los que lloran.
Bienaventurados los que lloran, porque ellos recibirán consolación.
Mateo 5:4 (RVR1960)

5. Benditos sean los mansos.
Bienaventurados los mansos, porque ellos recibirán la tierra por heredad.
Mateo 5:5 (RVR1960)

6. Benditos sean los que buscan la justicia.
Bienaventurados los que tienen hambre y sed de justicia, porque ellos serán saciados. Mateo 5:6 (RVR1960)

7. Benditos sean los misericordiosos.
Bienaventurados los misericordiosos, porque ellos alcanzarán misericordia.
Mateo 5:7 (RVR1960)

8. Benditos sean los de limpio corazón.
Bienaventurados los de limpio corazón, porque ellos verán a Dios.
Mateo 5:8 (RVR1960)

9. Benditos sean los pacificadores.
Bienaventurados los pacificadores, porque ellos serán llamados hijos de Dios. Mateo 5:9 (RVR1960)

10. BUSCAD LA PAZ Y LA PROSPERIDAD DE JERUSALÉN.
"Y buscad el bienestar de la ciudad adonde os he desterrado, y rogad al Señor por ella; porque en su bienestar tendréis bienestar.".
Jeremías 29:7 (LBLA)

11. GUARDA A AQUELLOS QUE SON FIELES.
Misericordia y verdad guardan al rey, y con clemencia se sustenta su trono.
Proverbios 20:28 (RVR1960)

12. Que los niños de Jerusalén sean bendecidos.
Y tomándolos en los brazos, poniendo las manos sobre ellos, los bendecía.
Marcos 10:16 (RVR1960)

13. Que aquellos que son ricos puedan encontrar a Dios.
Entonces Jesús, mirando alrededor, dijo a sus discípulos: ¡Cuán difícilmente entrarán en el reino de Dios los que tienen riquezas!
Marcos 10:23 (RVR1960)

14. Sean bendecidos los ciegos de la ciudad.
Y oyendo que era Jesús nazareno, comenzó a dar voces y a decir: ¡Jesús, Hijo de David, ten misericordia de mí! Marcos 10:47 (RVR1960)

15. Que aquellos que sufren puedan encontrar paz.
Y él le dijo: Hija, tu fe te ha hecho salva; ve en paz, y queda sana de tu azote. Marcos 5:34 (RVR1960)

16. Benditos aquellos que creen en la Palabra de Dios.
Y bienaventurada la que creyó, porque se cumplirá lo que le fue dicho de parte del Señor. Lucas 1:45 (RVR1960)

17. Dios tenga misericordia a aquellos que le temen.
Y su misericordia es de generación en generación a los que le temen.
Lucas 1:50 (RVR1960)

18. Que el Señor te rescate de tus enemigos.
Que, librados de nuestros enemigos, sin temor le serviríamos en santidad y en justicia delante de él, todos nuestros días. Lucas 1:74,75 (RVR1960)

19. Que Yeshúa sea una luz para los gentiles.
Luz para revelación a los gentiles, y gloria de tu pueblo Israel.
Lucas 2:32 (RVR1960)

20. QUE LOS JUSTOS PROSPEREN PARA QUE JERUSALÉN SE REGOCIJE.
Con el bien de los justos, se regocija la ciudad, y cuando perecen los impíos, hay gritos de alegría. Proverbios 11:10 (LBLA)

21. QUE DIOS SATISFAGA A LOS HAMBRIENTOS.
A los hambrientos colmó de bienes, y a los ricos envió vacíos.
Lucas 1:53 (RVR1960)

22. Que hayan muchos con mucha fe.
Al oír esto, Jesús se maravilló de él, y volviéndose, dijo a la gente que le seguía: Os digo que ni aun en Israel he hallado tanta fe. Lucas 7:9 (RVR1960)

23. Benditos sean los creyentes Mesiánicos.
Bienaventurado es aquel que no halle tropiezo en mí. Lucas 7:23 (RVR1960)

24. Que seas llena de la Gracia de Dios.
Porque de su plenitud tomamos todos, y gracia sobre gracia.
Juan 1:16 (RVR1960)

25. Que Yeshúa sea el Pan de Vida para Jerusalén.
Jesús les dijo: Yo soy el pan de vida; el que a mí viene, nunca tendrá hambre; y el que en mí cree, no tendrá sed jamás. Juan 6:35 (RVR1960)

26. Que Yeshúa sea la Luz de Jerusalén.
Entre tanto que estoy en el mundo, luz soy del mundo. Juan 9:5 (RVR1960)

27. Bendice Yeshúa al Buen Pastor.
Yo soy el buen pastor; el buen pastor su vida da por las ovejas.
Juan 10:11 (RVR1960)

ORACIÓN POR LLUVIA

Deuteronomio 11:13,14. "Y sucederá que si obedecéis mis mandamientos que os ordeno hoy, de amar al SEÑOR vuestro Dios y de servirle con todo vuestro corazón y con toda vuestra alma, el dará a vuestra tierra la lluvia a su tiempo, lluvia temprana y lluvia tardía, para que recojas tu grano, tu mosto y tu aceite."

En el último día de la Fiesta de los Tabernáculos, los judíos religiosos comienzan a orar por **lluvia**.

El Joreh, la primera lluvia después de un largo y seco verano, normalmente se dá al finalizar Octubre, principios de Noviembre; y es siempre un motivo para alegrarse y ser agradecidos. Los campos comienzan a ser preparados para la cosecha del próximo año.

Geshem son las lluvias de invierno. Algunas veces estas lluvias caen entre mediados de Diciembre hasta Marzo.

Melkosh es el nombre hebreo para la "lluvia tardía", la cual cae en la primavera y ayuda a crecer la cebada y el grano.

Duchas de Gilo, vista desde Ramat Denia

28. Benditos sean aquellos que encuentran en Yeshúa el Camino.
Jesús le dijo: Yo soy el camino, y la verdad, y la vida; nadie viene al Padre, sino por mí. Juan 14:6 (RVR1960)

29. Que el Espíritu de Verdad guíe a muchos.
Pero cuando venga el Espíritu de verdad, él os guiará a toda la verdad; porque no hablará por su propia cuenta, sino que hablará todo lo que oyere, y os hará saber las cosas que habrán de venir. Juan 16:13 (RVR1960)

30. BENDITA ES LA CIUDAD CUYO DIOS ES EL SEÑOR.
Bienaventurada la nación cuyo Dios es el Señor, el pueblo que Él ha escogido como herencia para sí. Salmos 33:12 (LBLA)

31. Que el nombre de la ciudad sea: EL SEÑOR ESTÁ AHÍ.
La ciudad tendrá dieciocho mil *codos* en derredor; y el nombre de la ciudad desde *ese* día *será*: "el Señor está allí." Ezequiel 48:35 (LBLA)

 NOTAS

NOVIEMBRE

Monte de los Olivos con la Iglesia de la Ascensión

Y vendrán a ti humillados los hijos de los que te afligieron, y se postrarán a las plantas de tus pies todos los que te escarnecían, y te llamarán Ciudad de Jehová, Sión del Santo de Israel.
Isaías 60:14

NOVIEMBRE

1. **ORAD POR LA PAZ DE JERUSALÉN.**
Orad por la paz de Jerusalén: Sean Prosperados los que te aman.
Salmos 122:6 (LBLA)

2. DIOS DERRAME SU SABIDURÍA SOBRE LOS CREYENTES.
Por eso, desde el día en que lo supimos no hemos dejado de orar por ustedes. Pedimos que Dios les haga conocer plenamente su voluntad con toda sabiduría y comprensión espiritual, Colosenses 1:9 (NVI)

3. Benditos sean aquellos que creen sin ver.
—Porque me has visto, has creído —le dijo Jesús—; *dichosos los que no han visto y sin embargo creen. Juan 20:29 (NVI)

4. Que muchos se unan en oración.
Todos, en un mismo espíritu, se dedicaban a la oración, junto con las mujeres y con los hermanos de Jesús y su madre María. Hechos 1:14 (NVI)

5. Que muchos se arrepientan y sean bautizados.
Arrepiéntase y bautícese cada uno de ustedes en el nombre de Jesucristo para perdón de sus pecados —les contestó Pedro—, y recibirán el don del Espíritu Santo. Hechos 2:38 (NVI)

6. Que el Señor permita a los creyentes proclamar Su Palabra sin temor.
Ahora, Señor, toma en cuenta sus amenazas y concede a tus siervos el proclamar tu palabra sin temor alguno. Hechos 4:29 (NVI)

7. Que muchos Milagros sean realizados en la ciudad.
Por medio de los apóstoles ocurrían muchas señales y prodigios entre el pueblo; y todos los creyentes se reunían de común acuerdo en el Pórtico de Salomón. Nadie entre el pueblo se atrevía a juntarse con ellos, aunque los elogiaban. Y seguía aumentando el número de los que creían y aceptaban al Señor. Hechos 5:12,14 (NVI)

8. Que el número de creyentes aumente considerablemente.
Y la palabra de Dios se difundía: el número de los discípulos aumentaba considerablemente en Jerusalén, e incluso muchos de los sacerdotes obedecían a la fe. Hechos 6:7 (NVI)

9. Que muchos se den cuenta que sus pecados pueden ser perdonados por medio de Yeshúa.
Por tanto, hermanos, sepan que por medio de Jesús se les anuncia a ustedes el perdón de los pecados. Hechos 13:38 (NVI)

10. BUSCAD LA PAZ Y LA PROSPERIDAD DE JERUSALÉN.
"Y buscad el bienestar de la ciudad adonde os he desterrado, y rogad al Señor por ella; porque en su bienestar tendréis bienestar."
Jeremías 29:7 (LBLA)

11. QUE LOS GOBERNANTES JUZGUEN AL POBRE CON EQUIDAD.
El rey que juzga al pobre según la verdad afirma su trono para siempre.
Proverbios 29:14 (NVI)

12. Que la Palabra de Dios se difunda por toda la ciudad.
La palabra del Señor se difundía por toda la región. Hechos 13:49 (NVI)

13. Que el Señor llene sus corazones con alegría.
Sin embargo, no ha dejado de dar testimonio de sí mismo haciendo el bien, dándoles lluvias del cielo y estaciones fructíferas, proporcionándoles comida y alegría de corazón. Hechos 14:17 (NVI)

14. Que muchos encuentren paz en Yeshúa.
En consecuencia, ya que hemos sido justificados mediante la fe, tenemos[a] paz con Dios por medio de nuestro Señor Jesucristo. Romanos 5:1 (NVI)

15. Que muchos reciban el Espíritu de Dios.
Sin embargo, ustedes no viven según la naturaleza pecaminosa sino según el Espíritu, si es que el Espíritu de Dios vive en ustedes. Y si alguno no tiene el Espíritu de Cristo, no es de Cristo. Romanos 8:9 (NVI)

16. Señor, sabemos que Tú trabajas por el bienestar de los que te aman.
Ahora bien, sabemos que Dios dispone todas las cosas para el bien de quienes lo aman, los que han sido llamados de acuerdo con su propósito.
Romanos 8:28 (NVI)

17. Si Dios es por ti, ¿Quién contra ti, oh Jerusalén?
¿Qué diremos frente a esto? Si Dios está de nuestra parte, ¿quién puede estar en contra nuestra? Romanos 8:31 (NVI)

18. Que nada te separe del amor de Dios.
Ni lo alto ni lo profundo, ni cosa alguna en toda la creación, podrá apartarnos del amor que Dios nos ha manifestado en Cristo Jesús nuestro Señor.
Romanos 8:39 (NVI)

19. Que Dios bendiga a aquellos que le invocan.
No hay diferencia entre judíos y gentiles, pues el mismo Señor es Señor de todos y bendice abundantemente a cuantos lo invocan, porque «todo el que invoque el nombre del Señor será salvo». Romanos 10:12,13 (NVI)

20. QUE LOS JUSTOS PROSPEREN PARA QUE JERUSALÉN SE REGOCIJE.
Con el bien de los justos, se regocija la ciudad, y cuando perecen los impíos, hay gritos de alegría. Proverbios 11:10 (LBLA)

21. CONOCER A DIOS ES DEFENDER LA CAUSA DEL POBRE Y DEL NECESITADO.
Defendía la causa del pobre y del necesitado, y por eso le fue bien. ¿Acaso no es esto conocerme? —afirma el Señor—. Jeremías 22:16 (NVI)

22. Que Dios te de aliento y perseverancia.
Que el Dios que infunde aliento y perseverancia les conceda vivir juntos en armonía, conforme al ejemplo de Cristo Jesús, Romanos 15:5 (NVI)

23. Que glorifiques a Dios con un solo corazón y una sola voz.
Para que con un solo corazón y a una sola voz glorifiquen al Dios y Padre de nuestro Señor Jesucristo. Romanos 15:6 (NVI)

24. Sea Satanás aplastado bajo tus pies.
Muy pronto el Dios de paz aplastará a Satanás bajo los pies de ustedes. Que la gracia de nuestro Señor Jesús sea con ustedes. Romanos 16:20 (NVI)

25. Que puedas experimentar esperanza, paciencia y fe.
Alégrense en la esperanza, muestren paciencia en el sufrimiento, perseveren en la oración. Romanos 12:12 (NVI)

26. Que muchos amen a Dios para que sean conocidos por Él.
Pero el que ama a Dios es conocido por él. 1 Corintios 8:3 (NVI)

27. Que Dios viva contigo y camine contigo.
¿En qué concuerdan el templo de Dios y los ídolos? Porque nosotros somos templo del Dios viviente. Como él ha dicho: «Viviré con ellos y caminaré entre ellos. Yo seré su Dios, y ellos serán mi pueblo.» 2 Corintios 6:16 (NVI)

28. Que la Gracia de Yeshúa sea abundante en ti.
Y Dios puede hacer que toda gracia abunde para ustedes, de manera que siempre, en toda circunstancia, tengan todo lo necesario, y toda buena obra abunde en ustedes. 2 Corintios 9:8 (NVI)

29. Que puedas experimentar gracia, amor y comunión.
Que la gracia del Señor Jesucristo, el amor de Dios y la comunión del Espíritu Santo sean con todos ustedes. 2 Corintios 13:14 (NVI)

30. BENDITA ES LA CIUDAD CUYO DIOS ES EL SEÑOR.
Bienaventurada la nación cuyo Dios es el Señor, el pueblo que Él ha escogido como herencia para sí. Salmos 33:12 (LBLA)

 NOTAS

DICIEMBRE

[JERUSALÉN]
....y tu existencia será más clara que el mediodía; Resplandecerás, y serás como la mañana; estarás confiado, porque hay esperanza; mirarás alrededor, y dormirás seguro.
Te acostarás, y no habrá quien te espante; y muchos implorarán tu favor.
Job 11:17-19

Festividades Judías en Diciembre

Juan 10:22-25 - Jesus y Janucá. "En esos días se celebraba en Jerusalén la fiesta de la Dedicación."

DICIEMBRE

1. ORAD POR LA PAZ DE JERUSALÉN.
Orad por la paz de Jerusalén: Sean Prosperados los que te aman.
Salmos 122:6 (LBLA)

2. QUE EL SEÑOR DE A LOS CREYENTES UN ESPÍRITU DE PODER, AMOR Y DOMINIO PROPIO.
Porque no nos ha dado Dios un espíritu de cobardía, sino de poder, de amor y de dominio propio. 2 Timoteo 1:7 (RVC)

3. Que el fruto del Espíritu sea evidente en los creyentes.
Pero el fruto del Espíritu es amor, gozo, paz, paciencia, benignidad, bondad, fe, Gálatas 5:22 (RVC)

4. Que la multiforme sabiduría de Dios sea conocida.
Para dar a conocer ahora, por medio de la iglesia, su multiforme sabiduría a los principados y poderes en los lugares celestiales, Efesios 3:10 (RVC)

5. Que Jerusalén experimente la paz de Dios.
Y que la paz de Dios, que sobrepasa todo entendimiento, guarde sus corazones y sus pensamientos en Cristo Jesús. Filipenses 4:7 (RVC)

6. Que la deidad de Dios sea vista en Jerusalén.
Porque en él habita corporalmente toda la plenitud de la Deidad, y en él, que es la cabeza de toda autoridad y poder, ustedes reciben esa plenitud. Colosenses 2:9,10 (RVC)

7. Que Jerusalén sea santificada por el Dios de paz.
Que el mismo Dios de paz los santifique por completo; y que guarde irreprensible todo su ser, espíritu, alma y cuerpo, para la venida de nuestro Señor Jesucristo. 1 Tesalonicenses 5:23 (RVC)

8. Que Jerusalén reciba Consuelo eterno y buena esperanza.
Que nuestro Señor Jesucristo mismo, y nuestro Dios y Padre, que nos amó y nos dio consuelo eterno y buena esperanza por gracia,
2 Tesalonicenses 2:16 (RVC)

9. Que la gracia de Dios sea derramada sobre Jerusalén.
Pero la gracia de nuestro Señor fue más abundante con la fe y el amor que es en Cristo Jesús. 1 Timoteo 1:14 (RVC)

10. BUSCAD LA PAZ Y LA PROSPERIDAD DE JERUSALÉN.
"Y buscad el bienestar de la ciudad adonde os he desterrado, y rogad al Señor por ella; porque en su bienestar tendréis bienestar."
Jeremías 29:7 (LBLA)

11. BENDICE A LOS LÍDERES DE JERUSALÉN.
Ante todo, exhorto a que se hagan rogativas, oraciones, peticiones y acciones de gracias por todos los hombres; por los reyes y por todos los que ocupan altos puestos, para que vivamos con tranquilidad y reposo, y en toda piedad y honestidad. 1 Timoteo 2:1,2 (RVC)

12. Que la gracia de Dios traiga salvación.
Porque la gracia de Dios se ha manifestado para la salvación de todos los hombres. Tito 2:11 (RVC)

13. Benditos sean aquellos que comparten su fe.
Pido que la participación de tu fe sea eficaz en el conocimiento de todo el bien que está en ustedes por Cristo Jesús. Filemón 6 (RVC)

14. Bendiga a los creyentes que creen sin desfallecer.
Mantengamos firme y sin fluctuar la esperanza que profesamos, porque fiel es el que prometió. Hebreos 10:23 (RVC)

15. Que Jerusalén experimente la santidad del Señor.
La verdad es que nuestros padres terrenales nos disciplinaban por poco tiempo, y como mejor les parecía, pero Dios lo hace para nuestro beneficio y para que participemos de su santidad. Procuren vivir en paz con todos, y en santidad, sin la cual nadie verá al Señor. Hebreos 12:10,14 (RVC)

16. Que el Señor complete la buena obra que empezó.
Que el Dios de paz, que resucitó de los muertos a nuestro Señor Jesucristo, el gran pastor de las ovejas, por la sangre del pacto eterno, los capacite para toda buena obra, para que hagan su voluntad, y haga en ustedes lo que a él le agrada, por medio de Jesucristo. A él sea la gloria por los siglos de los siglos. Amén. Hebreos 13:20-21 (RVC)

17. Benditos sean los que perseveran en las pruebas.
Dichoso el que hace frente a la tentación; porque, pasada la prueba, se hace acreedor a la corona de vida, la cual Dios ha prometido dar a quienes lo aman. Santiago 1:12 (RVC)

18. Que Dios haga de Jerusalén una ciudad firme.
Pero el Dios de toda gracia, que en Cristo nos llamó a su gloria eterna, los perfeccionará, afirmará, fortalecerá y establecerá después de un breve sufrimiento. 1 Pedro 5:10 (RVC)

19. Que Jerusalén sea libre de la corrupción.
Por medio de ellas nos ha dado preciosas y grandísimas promesas, para que por ellas ustedes lleguen a ser partícipes de la naturaleza divina, puesto que han huido de la corrupción que hay en el mundo por causa de los malos deseos. 2 Pedro 1:4 (RVC)

20. QUE LOS JUSTOS PROSPEREN PARA QUE JERUSALÉN SE REGOCIJE.
Con el bien de los justos, se regocija la ciudad, y cuando perecen los impíos, hay gritos de alegría. Proverbios 11:10 (LBLA)

21. QUE EL PUEBLO DE JERUSALÉN DISFRUTE DE LA SALUD DE DIOS.
Amado, deseo que seas prosperado en todo, y que tengas salud, a la vez que tu alma prospera. 3 Juan 2 (RVC)

22. Que el pueblo de Jerusalén camine en la luz de Dios.
Pero si vivimos en la luz, así como él está en la luz, tenemos comunión unos con otros, y la sangre de Jesús, su Hijo, nos limpia de todo pecado. 1 Juan 1:7 (RVC)

23. Que el pueblo de Jerusalén camine en obediencia a Dios.
Éste es el amor: que andemos según sus mandamientos. Y éste es el mandamiento: que ustedes anden en amor, como desde el principio lo han oído. 2 Juan 6 (RVC)

24. Que todos los creyentes fortalezcan su fe.
Pero ustedes, amados hermanos, sigan edificándose sobre la base de su santísima fe, oren en el Espíritu Santo, manténganse en el amor de Dios, mientras esperan la misericordia de nuestro Señor Jesucristo para vida eterna. Judas 20-21 (RVC)

25. GLORIA A DIOS EN LAS ALTURAS
« ¡Gloria a Dios en las alturas! ¡Paz en la tierra a todos los que gozan de su favor!» Lucas 2:14 (RVC)

26. Benditos sean los que guardan en su corazón la Palabra de Dios.
Bienaventurado el que lee, y los que oyen las palabras de esta profecía, y observan lo que en ella está escrito, porque el tiempo está cerca. Apocalipsis 1:3 (RVC)

27. Benditos aquellos que beben del Agua de la Vida.
También me dijo: «Ya está hecho. Yo soy el Alfa y la Omega, el principio y el fin. Al que tenga sed, yo le daré a beber gratuitamente de la fuente del agua de la vida. Apocalipsis 21:6 (RVC)

28. Que la gloria de Dios alumbre a Jerusalén.
La ciudad no tiene necesidad de que el sol y la luna brillen en ella, porque la ilumina la gloria de Dios y el Cordero es su lumbrera.
Apocalipsis 21:23 (RVC)

29. Benditos sean aquellos que guardan los mandamientos de Dios.
Bienaventurados los que lavan sus ropas, para tener derecho al árbol de la vida y para entrar por las puertas en la ciudad. Apocalipsis 22:14 (RVC)

30. BENDITA ES LA CIUDAD CUYO DIOS ES EL SEÑOR.
Bienaventurada la nación cuyo Dios es el Señor, el pueblo que Él ha escogido como herencia para sí. Salmos 33:12 (LBLA)

31. Que el nombre de la ciudad sea: EL SEÑOR ESTÁ AHÍ.
La ciudad tendrá dieciocho mil *codos* en derredor; y el nombre de la ciudad desde *ese* día *será*: "el Señor está allí." Ezequiel 48:35 (LBLA)

 NOTAS

LECCIONES DE JANUCÁ

Durante el siglo II AC, Jerusalén se volvió cada vez más helenizada. Muchos consideraban su nacionalidad judía de menor importancia en comparación a la nueva cultura, la griega. En lugar de proclamar el mensaje único de Jerusalén, ciudad en la que el Shekinah de Dios había reposado, la capital judía se convirtió en una imitación barata de Atenas y Alejandría.

Un pequeño grupo de valientes judíos se levantó contra el paganismo y aunque sólo había aceite suficiente para un día, la Menorá en el Templo estuvo encendida durante ocho días. *Nes Gadol Haya Poh* - ¡Un Gran Milagro Ocurrió Aquí! Esto es lo que significa Janucá, y es por eso que cantamos: Banu joshej legarèsh - ¡hemos desterrado la oscuridad!

"En cada generación se levantan contra nosotros para aniquilarnos, más el Todopoderoso, bendito es Él, nos salva de sus manos. (De la Hagadá de Pesaj).

A lo largo de los siglos, el pueblo judío ha sido rodeado por la oscuridad y experimentado una tragedia tras otra. Pero incluso entonces, siempre había un puñado de gente que dijo: "¡Hágase la luz!"

El enemigo de Dios todavía quiere destruir Jerusalén. La batalla espiritual de Jerusalén nunca ha cesado.

Como creyentes no judíos, que estamos injertados en el olivo (Israel), podemos orar por el poder y la gracia de Dios para que sea derramada sobre la ciudad de Jerusalén. Y aún más importante: Para que Dios la bendiga.

Y junto con la niña de los ojos de Dios, podemos mirar hacia adelante a la Nueva Jerusalén, la cual será llamada: "¡LA CIUDAD cuyo Dios es el Señor!"

No seas vencido de lo malo, mas vence con el bien el mal.
Romanos 12:21

www.ingramcontent.com/pod-product-compliance
Lightning Source LLC
Chambersburg PA
CBHW060401050426
42449CB00009B/1846